내 삶의 빛깔

내 삶의 빛깔

전상숙 첫 번째 시집

책나무출판사

| 시인의 말 |

발아하지 못해 내 안에 고여 있는 내재된
자락은 햇살과 바람, 비를 맞으며 세상에
태어났습니다

매운바람에 해동되지 않은 결빙된 체중은
오랫동안 속앓이를 하였습니다

무수한 날
지나고 뒤주에 갇힌 둘레에서 벗어나
비로소 싹을 틔우며 풀꽃처럼 향기롭게
세상을 비추는 반딧불이가 되길 염원해 봅니다

첫 시집 출판을 위해 함께 해 주신
이승선 교수님과 김은영 학우님, 그리고 사랑하는
두 딸과 저를 알고 있는 모든 지인 분들께 진심으로
감사함을 전하고 싶습니다.

| 목차 |

시인의 말 · 5

1부

봄 그 따스함 · 11 / 목련꽃 아래 · 12 / 봄의 교향악 · 13 / 책가방 · 14 /
경회루 · 15 / 마장호수 · 16 / 고즈넉한 산사 · 17 / 꽃들에게 희망을 · 18 /
꿈길 · 19 / 남새밭 · 20 / 내 영혼이 따뜻했네 · 21 / 도서관 · 22 /
동편마을 숲속 · 23 / 동화 속 연가 · 24 / 마음의 휴식 · 25 / 명자꽃 · 26 /
갓 지어낸 시 · 27 / 백운호수 · 28 / 푸른 기억 · 29 / 공성면 석탄로 · 30 /
우리는 한 가족 · 31 / 구직 · 32 / 마음에 평화를 · 33 / 그리움 · 34 /
금낭화 · 35 / 봄 그 부드러움 · 36 / 부자 · 37

2부

갯벌 내음 · 41 / 비에 묻어온 냄새 · 42 / 나락 · 43 / 녹슨 달구지 · 44 /
담쟁이 · 45 / 나리꽃 · 46 / 도솔암 · 47 / 둥지 속 사랑 · 48 / 땅끝에서 · 49 /
매한가지 · 50 / 북망산천 · 52 / 마지막 잎새 · 53 / 무료인 세상 · 54 /
미역국 · 55 / 그리운 사람 · 56 / 부활한 할미꽃 · 57 / 뜨거운 사막 아래 · 58 /
그리운 어머니 · 59 / 간절곶 · 60 / 슬픈 곡조 · 61 / 그 뜨거운 열대야 · 62 /
길 위에서 · 63 / 껍딱지 · 64 / 나답게 사는 법 · 65 / 슬픔의 돌 · 66

3부

낙엽 · 71 / 호미 끝 사랑 · 72 / 가을 예찬 · 74 / 참기름 선물 · 75 /
풍요로운 가을 풍경 · 76 / 섬과 섬 사이 · 77 / 가을 · 78 / 배움의 길 따라 · 79 /
민들레 홀씨 · 80 / 가을볕에 물드는 행복 · 81 / 가지치기 · 82 /
갈색 추억 · 83 / 딱따구리 연주 · 84 / 그때를 아시나요? · 85 /
기수역에서 가을 길까지 · 86 / 길상사 · 87 / 무의도 · 88 /
가을 언덕에서 · 89 / 막걸리 · 90 / 낙엽 비 · 91 / 노을 · 92 /
덕수궁 돌담 아래 · 93 / 띠앗 사랑 · 94 / 마음 동행 · 95

4부

그대는 · 99 / 나는 보았네 · 100 / 뜨개질 · 101 /
나도, 아름다운 꽃이 되고 싶다 · 102 / 그대라는 계절 · 103 / 매미의 열창 · 104 /
평화통일 염원하며 · 105 / 내 삶의 빛깔 · 106 / 나무 · 107 / 감나무의 배려 · 108 /
격리 그 쓸쓸함 · 109 / 광명동굴 · 110 / 독도 · 111 / 별마당 · 112 / 꽃다지 · 113 /
글 밭에 앉아 · 114 / 달마고도 · 116 / 이사 또 다른 행복 · 117 /
카페에서 딸이랑 · 118 / 내게 봄은 언제 오려나 · 119 / 광화문 연가 · 120 /
보길도 연륙교 · 121 / 맨발 걷기 · 122 / 분단 그 아픔 · 123 / 오지에서 · 124 /
발자국 소리 · 125 / 유배의 섬 · 126 / 애벌레의 비상 · 127

•1부•

봄 그 따스함

흐드러지게 핀 봄꽃이
혹독한 겨울을 견뎌왔기 때문에
더 아름답다.

봄볕이 마루까지 들어와
맑은 미소로 악수를 청하는데

내 안에 무겁게 짓누르고 있는
잃어버린 의자를 찾아 미로에 서서
봄을 찾고 있다

소금꽃으로 들이켰던
샘물 그마저 끊겨 어디로 가
찾아야 할지?
그 따스함 누려보고 싶은데.

목련꽃 아래

봄바람에 비파 연주하는
하얀 목련의 맑은 목소리 따라
초록 이파리 방긋 웃는다

하얀 카라 교복 다려 입고
시집 한 권 옆에 끼고 사색에 잠기며
고고한 목련꽃 자태로
도도한 가슴 함박웃음 짓는다.

세월은 가고
몇 번의 강산이 변했건만
봄만 되면 아리따운 소녀로
돌아가고 싶은

그때의 꽃봉오리 펼치는
최고의 호시절이었는지, 자꾸만
되새김질하며 목련꽃 아래서
환하게 미소 짓네.

봄의 교향악

흐드러진
찔레꽃
호명하여 학의천
오작교에서 스친 자락에
봄의 교향곡을

속삭이는
봄꽃들의 향연 속
그대와 나
사랑의
소나타 악보로
물길을 트고
사랑이 샘솟는다

들꽃처럼 싱그러운 내음
풀꽃 향기에 취하고
그대의 속삭임에 취하는
봄의 교향악.

책가방

오래전 들지 못했던 책가방
인생 숙제 마치고 다시 들어본다

침침한 눈으로 돋보기에 기댄 채
몇 번의 되새김질로 굳어버린
붓끝에 촛불을

짧은 가방끈으로 돌멩이 되어
햇살 없는 설원을 걸었네

이순에 다시 맨 책가방
씨줄과 날줄로 올망졸망 엮어
향기로운 글 꽃으로 피어나리.

경회루

아름다운 별과 달이 내려와
문전성시를 이뤘던 연못가
고요한 경내 호수에 청둥오리 날갯짓으로
봄을 깨어 생동감을 펼쳐 봅니다

능수버들 늘어진 머릿결에 실어 온
온기, 파릇파릇 봄 마중하는데

많은 사람 오간 거리 썰물 되어 휑한
바람만 두서없이 맴돕니다

풍경이 아름다운 경회루
손에 손잡고 사랑하는 사람과
봄의 교향악 들으며 함박웃음 지었으면,

마장호수

보헤미안 새들의 낙원에
하얀 조가비 물결 따라 유영하고
마음속에 가 닿지 못한 언어를
연결한 마장호수

그대 손잡고 쪽빛 하늘
바라보며 자작나무 불타는 연가로
초대한 호수에 발 담그고

종일 머물다 간 낮달
산과 나무를 품어준 호수에 평화로운
물 향기 피어올라

그대와 나
맑은 호수에 앉아
찰랑찰랑한 물결로 가슴을
내어준다.

고즈넉한 산사

한적한 산사에 들면
청솔, 딱따구리, 사마귀가
나의 친구다

격조 높은
첼로 연주로 혼을 아우르는
매미가 콘서트를 열고

도토리는 통통통
잎새는 나풀나풀 춤추고,
한 옥타브로 독주한
풀벌레의 찬가로 나그네 불러
여독을 풀어주고 평온한 안식을
선물한다네.

꽃들에게 희망을

척박한 영토에 민들레 홀씨
되어 날아왔지

목마른 햇볕 초록 잎
틔우지 못한 채, 긴 밤 뜬 눈으로
강나루 나그네가 되었지

시인의 가슴에 피어나는
사랑의 꽃
은하수 속삭임에 양어깨 뉘고

남루한 바람에도 기품 있는
섬세한 꽃 대궐 가득
겹겹이 향기로운 연꽃으로
영글었으면.

꿈길

꽃길만 걷고 싶은데
거친 광야를 걷게 하였습니다

부드러운 봄바람 만나고 싶은데
매운바람이 풀무질하였습니다

햇살에 반짝반짝 나신 되어
숨 쉬며 노닐고 싶은데
그늘만 주었습니다

마음에 꽃 심고 봄바람 손잡고
햇살 비추는 가을 길 갈망합니다.

남새밭

추적거리는 빗물을 타고
먼 고향 어머니 젖 내음이
폴폴 풍겨오는 곳으로

노란 배추꽃 사이 숨바꼭질에
바쁜 병아리 떼 따사로운 햇살로
옹기종기 사랑을 노래한다네

밭고랑 미풍 타고 풍겨오는
흙 내음 분분히 휘날려
아기 속살처럼 부드럽고

소쿠리 고봉으로 부추, 쑥. 푸성귀
뜯어와 전 부쳐 먹었던 아련한
기억 속 남새밭

싱그러운 봄이
싱그러운 사랑이 병풍같이 활짝
펼쳐진 사랑의 텃밭.

내 영혼이 따뜻했네

파릇한 싹 되어 가슴에
속삭일 때 남루한 내 영혼은
만삭되어 춤을 춘다.

빈 벽 허공에 머물다 돌아온 부메랑
받아줄 리 없어 침묵해야 했던
인고의 시간

인적 없는 산사에 홀로 서 있는 듯
외로움이 엄습해 올 때

따뜻한 숨결로 손잡아
꽃으로 승화되기까지
그윽하게 바라본 눈길

늘 그리움으로
찰랑거리는 핏줄과의
해후
내 영혼이 따뜻했네.

도서관

초롱초롱 반짝이는 희망,
책장마다 수북이 쌓여 가슴으로
번져옵니다

사색의 양식으로 영혼을
살찌우며 음미하는 즐거움

세계의 걸작 라이너 마리아 릴케,
톨스토이와 별을 노래했던 윤동주,
진달래꽃을 아름답게 묘사한 김소월 시

문장마다 즐비하게 서서
잠자는 감성을 일깨웁니다.

동편마을 숲속

한적한 오솔길에 햇살은
웃음 가득 대지를 지피고,
뻐꾸기는 달음박질로 고향 산천 소식 배달하듯
고요를 깨고 산울림으로 울려 번지고

들꽃 인사에 나에 살던 고향은
동요가 꽃처럼, 새처럼 날아올라
무지개를 수놓는다
도심 속 뙤약볕 열기도 잊은 채 목동으로
능선길 따라 마음 밭 즐겁다

찔레꽃 향기가
온 산야 향기롭게 퍼져 유년의 시절로
소환,
검게 탄 소녀의 향기를 폴 폴 폴.

동화 속 연가

코흘리개 까까머리
그 시절이 눈부신 잔상처럼
가슴 속을 스치운다

하교 종소리가
땡 땡 땡 울리면
검정 고무신 신고 신작로 길
흙먼지 뒤집어쓰고 달리기

누가 먼저랄 것 없이 웅덩이 속
개구리 헤엄치며 놀았던 빛바랜 추억들

소쿠리에 든 보리밥과 열무김치만으로도
게 눈 감추듯 허기를 달래고
벌레 소리, 바람 소리를 지휘하며
한낮의 목동이 되었지

찰싹이던 물결 소리, 그리운 그 날의 연가
지금도 들리는 듯
내 시린 회색 발목을 잠재운다.

마음의 휴식

미풍 한가락 없는 날
무쇠솥 녹이는 대지에 내려
숲이 우거진 들녘을 걸어가 보라

나목 위 솔바람이 흰 구름
속에서 웃고 있음을
풀 여치 여린 손가락에 풍겨오는
자연의 싱그러운 바람

풀 여치 가만가만
바지 위 날개를 접고 앉았다가
금방 날아가 버린 비애

내 마음에 세상 때가 묻었는지
흰머리 민낯으로 찾아가
손을 내밀어야지

자투리 한 칸 그늘에
앉아 꼬리로 시를 짓는 잠자리 시선에
마음의 평정심을 찾는다.

명자꽃

어머나! 명자 씨!

기약 없이 떠나간 그녀
가슴에 남기고 간
온기 아직 그대로인데 부드러운
봄바람에 너의 안부를 묻는다

아름다운 빛깔과 향기로
곱게 피워 길손을 반기고

깊은 맛을 우려낸 향기가
온 세상을 평온하고 향기롭게

가는 길마다
반가운 고향 친구 만나듯
따뜻한 인사를 주고받는다.

갓 지어낸 시

정미소에서 몇 번의 도정을 걸쳐
삭정이는 버리고 아름다운 운율로
헹궈 시어를 앉힌다.

행을 맞추고 연꽃처럼 피워 올린
향기가 그윽하게 온 누리에 번지도록

세파에 상흔 토닥토닥 안아주고
뜸 들인 뒤, 갓 지은 밥처럼
감미롭게 마음을 채워주는
아포리즘

보헤미안 랩소디
사랑과 영혼을 쏟으며 지은 시
잉태의 기쁨을 읊조리며 음미하리.

백운호수

만인의 명소
살랑거리는 물결 위에 서늘한
바람이 숨어 춤을 춘다.

어두운 호수에 감미로운 기타 연주가
발걸음 멈추게 하고 풀벌레의 화음에
낮 동안 갇혔던 귀를 연다

달빛에 젖은 호수는 데칼코마니
아름다운 자맥질로 사랑을 키운
오리 부부는 밀어 중

호수에서 불어오는 시원한
가을바람에 긴장된 오감을 열고
퐁당퐁당 호수에 빠지는 기쁨.

푸른 기억

라일락 피고 지고 애기똥풀 피고 지고
봄꽃들이 즐비하게 스치듯 배움의 울타리
안에서 스친 자락

푸른 교정에 초대하여
봄꽃처럼 황홀한 낭만과 사랑을
골고루 나눠주는 다정스러움

인품에서 풍겨오는 아우라가
감동의 물결로 온몸에 찰랑찰랑

곳간에 쌓인 지혜
새싹과 나눔으로
삼천리강산 푸르게 푸르게.

공성면 석탄로 (산골, 오지)

도시의 먼지를 털어내고
꿩, 고라니 마주하는 설렘

언 땅 위에 쑥, 냉이
살포시 고개 내밀며
봄을 찬양하네

칠흑 같은 어둠 속
북두칠성 반짝이며
나그네를 반기고

미풍과 봄 햇살로
나뭇가지마다 연초록
움 틔우며 어서 오라
손짓하네.

우리는 한 가족

꽃방에 둘러앉아 도란도란
웃음꽃을 피웁니다

한파를 견디며
쏟아지는 빗줄기 맞으며
남루한 햇살에도 두려움 없이

딸깍발이 한 송이 꽃으로
꽃등 밝히며
맹골수도 소용돌이를 헤쳐왔습니다

고매한 선율로
지구를 환하게 밝혔습니다.

구직

봄이 왔건만,
차가운 빙벽 속에 배회하는 이방인
이정표 없는 길 위에
파묻혀 거리를 배회한다.

적막한 산길에
달빛만이 애틋하게 위로하건만 인적이
끊어진 컴컴한 항구에 갇힌 듯

한 줄기 빛이라도 밝혀주길
간구하지만, 너울성 파도만
세차게 귓불을 때리네

내게 따뜻한 봄은 언제 오려나.

마음에 평화를

먹장구름 속 장대비 쏟아져 내린
들길에 해맑게 웃는 들꽃의 싱그러운
햇발을 보면, 마음에 평화가

컴컴한 밤하늘 한 줄기 빛으로
희망을 노래하는 샛별의 속삭임에
마음에 평화를

운무로 덮여있는 산속에
평정만 잃지 않는다면, 동굴 암흑일지라도
마음 밭에 꽃을 심어 우주를 꽃물결로
넘실거리는 희망가를 부르리

그러면,
평온한 내일을 맞으리
평화는 늘 마음속에 있나니.

그리움

말갛게 세안한 초록 잎
텃새의 경쾌한 노랫소리에 맞춰
행진하는 도랑물

녹록지 않은 삶 속에
지쳐버린 근육을 씻겨주니 반짝반짝
햇살처럼 피어납니다

초록빛 바다에 뭉게구름 두둥실
접시꽃, 해바라기 줄줄이 악수하고
흙 내음에 목말 타며 신나는 여행을 합니다

뻐꾹새가 고향 향수를
데려오고 엄마 찾아 삼만 리 먼먼
젊음의 신세계로 떠나갑니다

한 여름밤의 그리움이 옥수수
이파리에서 개구리울음 속에서도
뭉실뭉실 꽃송이로 피어납니다.

금낭화

내 마음에 묻어 있는
먼지를 걷어내고
세안한 햇살같이 반짝반짝
빛나는 밝은 얼굴

사랑하는 그대 만나러 가기 전
향기로운 입맞춤으로 말에 향기와
기품이 일렁이도록

맑은 목소리에 위축된
작은 가슴 살며시 적시고
금낭화처럼 고결한 마음으로
순수한 너를 만나러 가리.

봄 그 부드러움

웅크렸던 응달에 평화의 깃발을
온기 없는 강산에 영혼이 고독을 씹으며
적막했을 여운은 사라지고

봄
네가 온다기에 널브러져 누워있던
뿌리를 세우고 혈관과 근육에 방전된
에너지를 충전해 본다

우듬지 사이로 노란 산수유
살금살금 환희의 꽃망울 피워 낸
미풍에 젖은 영혼의 안락함이여!

빈 허공에 새싹들이 돋아나 춤추고
풍요로운 식탁에 봄꽃 만찬으로 우주는
한동안 떠들썩하겠다.

부자

주머니가 가벼운
나그네
햇살이 반겨주는
양지바른 언덕 위
파릇파릇한 새싹과 대화로
시간을
잊어버리지

풀 한 포기
나무 한 그루
풀꽃의 향기와
부드러운 흙내음으로
마음이 풍요해지는 부자가 된다네.

• 2부 •

갯벌 내음

땅끝 송정리 바닷가에 닿으면 비릿한
갯벌 내음 물씬 가슴으로 풍겨 와
부모님 품에 안긴 듯
유순해진 마음

밤하늘 별들은 불 밝혀 응원가 불러주고

노 저어 나룻배 타고
질풍노도 하얗게 핀 소금꽃으로 해루질한
망둥이에 주린 배 채우고

아궁이 타닥타닥
재 위에 생선 익어가는 냄새는
동구 밖까지 마중하여
내 영혼을 따뜻하게 했네

남루한 아버지
얼과 농축된 소산으로 맛있는
두레상에 둘러앉아 푸른 꿈을 키우던
우린,
세상에서 제일 부자였다.

비에 묻어온 냄새

그리운 것은
빗방울 낙하하는
음표 타고 두둥실

방울방울 양철지붕에
뭉게뭉게 피어나는 그리움의 냄새

뙤약볕으로
갈라진 논바닥에 생명수 같은 비
사방에 뿌리며 천천히 이완되는 포만감

빗소리에 뜸부기, 개구리, 백로까지
구부린 날개를 팔랑거리며 풍년가를

비 냄새는
가슴속 은밀한 마음이
박꽃처럼 환하게 피어나
방울방울 설레는 풍경이 아름답다.

나락

말갛게 세수하고 나온
하늘에서 젖 내음 몽실몽실
피어올라 벼 이삭은 새끼 노루처럼
평온한 잠을 청해봅니다

뜸북뜸북 뜸부기 가락에
고단한 실타래 풀고 눈 부신 햇살
한 모금에 오동통 풍만해진
젖무덤

뜨거운 여름밤 농부의 잰걸음에
무럭무럭 여물어진 나락
해산 날 다가올수록
곳간 가득 안다미로
농부는 하회탈이 되어봅니다.

녹슨 달구지

볍씨 몇 가닥 얻기 위해
장시간 펴지 못한 관절 연료가 바닥 난
달구지다

작은 새집 방 한 칸에서
꿈을 꾸는 나무 자양분 되기 위해
홀대해 멈춰버린 혈관

가벼워진 낙엽처럼 걸어온 길
원숭이처럼 나무에서 생을 즐겨야 했는데

녹슨 달구지에 상수리잎 따다가 상처를
덮어 주면 씻은 듯 나으려나.

담쟁이

빛이 사라진 어둠의
뒤안길에서 고독이 몸부림치는
빙벽을 오른다

고샅길 가파른 언덕
뙤약볕을 묵묵히 수행하며

고행의 절벽에서 수도자로
한 걸음씩 한 걸음씩

빗방울 한 방울에
고갈된 목 축이며
찬 서리에도 아랑곳없이

신세계를 꿈꾸는
앨버트로스처럼
무소의 뿔처럼
고고한 학처럼 혼자서 걸었네.

나리꽃

고대기에 말아 올린 머릿결
올망졸망 긴 사연 엮어서 보내온
편지를 읽습니다

메마른 삭정이 밤하늘에
별만큼 향기를 담아 낭창낭창 긴 촉수로
나팔 불어 사랑을 실어 나릅니다

버거운 세상살이에 쓴
소태를 씻겨 파안대소
행복을 보듬어봅니다

달구지 사이로 불타오른
그녀의 눈빛은 아우라로 남아
나를 잠재웁니다.

도솔암

자연, 그대로의
기암괴석 비경에 취한 듯
속세의 때를 씻은 듯
한 폭의 수채화에 혼미해진 나신

사람의 흔적이 묻어나지 않은
천연 그대로의 도솔암, 이름 모를
풀꽃들과 산새들의 낙원
그곳에 바람처럼 서 있으니 세상사 부러울 게 없어라

무거운 짐 내려놓고
질주했던 근육을
살며시 내려놓는다.

둥지 속 사랑

따스한 봄바람에
웅크렸던 새싹이 날개를 펼치며
지구에 심금을 울릴 때

작은 둥지 속에서
햇살 나눠 마시며 바글바글 뚝배기
안 함박웃음 뭉게구름 되어
뭉게뭉게 피어납니다

작은 둥지에서 꿈을 키우던
아이들은 앨버트로스 새가 되어
날아가고 문풍지 사이로
황소바람 찾아와 썰물처럼 찬바람만 길을 잃고
헤맵니다

내 영혼이 따뜻했던 필름은 부메랑 되어
자꾸만, 자꾸만 눈앞에 서성거립니다.

땅끝에서

평상 위에 누워 있으면
초롱초롱한 별들이 내려오고
풀벌레 합창 소리가 마당에 와 속살거리고

장롱 속 깊이 감춰둔 빛바랜
필름은 논두렁, 밭고랑에서 번져오고 갯벌 내음
향기로운 가락으로 읊조린다.

해풍 바람에 동백꽃 말없이
피고 지고 떠나간 그 사람 뭍으로 가
돌아오지 않네

해당화만 물결 따라 춤추고
배 떠난 항구에 구슬픈 뱃고동
하울링으로 가슴을 치네.

매한가지

지구를 데우던 볕,
사그라져도 온몸에 달궈진
열기는 쉬 사그라지지 않고
등줄기 목말 타고 오르내린다.

소망하는 비와 바람도
멀리 사라지고 가마솥 열기는
몸 구석구석 개구리처럼
탐방하고 뛰논다.

한여름 마당 한가운데
솥 걸고 불 때며 밥 짓던
때가 현재의 기온과 엇비슷
한랭 찬 공기도 버겁지만
나를 달구는 여름도
버거운 건 매한가지

소나기 쏟아지듯
잠잠하던 오솔길에 곡조를 높여

온몸으로 울어대는 매미의
소야곡만 애달프게 메아리친다.

북망산천

척박한 바위틈에 씨 뿌리고
달콤한 물 한 모금과 부드러운 바람으로
감싸주지 않더니 뻐꾹새 우는 숲으로
홀연히 가시네

낙숫물 떨어지는 소리 그 임이 흘리고 간
눈물인지 미운 정마저도 흔적 없이 지우고

샤우팅 늪에 빠져 울부짖은
매미의 장송곡은
그 사람의 마지막 절규인 듯

자유로운 영혼으로 살다가
바람같이 철새 되어 떠난
그 사람.

마지막 잎새

아름다운 계절의 옷을 벗고
세포를 휘감던 날개 떨구며 고갈된
낙엽의 언어가 비에 젖어 빈 하늘에
가만히 수를 놓는다

찬바람에 몸을 맡긴 잎새
나풀나풀 거리에서 춤을 추고

푸르렀던 청춘 불타던 계곡을
지나 고행을 견디며 묵언수행 하는
잎새의 속삭임

다음 생에 꽃피울 작은
밀알로 탄생하리란 믿음으로
잡았던 탯줄 살그머니 놓는다.

무료인 세상

맑은 햇살과 아름다운
새들의 목소리와 일렁이는
푸른 이파리와 산들바람이 다 무료

형형색색 제 빛깔로 채색된 낙엽이
풍요로운 들녘의 오곡 풍경이
노을 진 석양의 낙조가

하얀 운무가 너울너울 춤추는
산수와 해와 달이, 반짝반짝 빛나는 별빛
그리고 아름다운 설경 풍경이

바람에 휘날리는 꽃비가 다 무료인 세상.

미역국

뜨거운 땡볕 머리에 이고
그대에게 가는 길

등줄기에 흐르는 땀방울 닦으며
그대에게 가는 길
마음은 꽃 되어 활짝 꽃처럼 웃는다

해산하고 모유 먹일 때 먹어본 이후
담백하고 부드러운 감칠맛이 일품인
미역국

사랑의 묘약을 넣었는지
오묘하게 어우러진 감칠맛이 일품이다.

그리운 사람

보고픈 마음
두 손으로 가리고
구름으로 가려도

쏜살같이
달려가는 바람 되어
뜨거운 햇살 되어
서로를 그리워하는 달맞이꽃

보고픈 마음
강물 되어
그대로 그대에게 흘러가리.

부활한 할미꽃

노화의 작은 섬
땅끝 해남에서 뱃길로 40분 매운
여운이 실바람에 펄럭거린다. 날갯죽지에
푸른 싹이 돋아 가려웠던 걸까?

굽이굽이 걸어온 길
평생 망토 속에 감춰 둔 부채로
덩실덩실 어깨춤을

천사의 미학으로 다분한 끼
강낭콩 속 콩들은 어머니의 몸짓에
마냥 가슴을 적시고

세 살 때
보여드렸던 재롱을
어머니가
세 살 되어 모든 시련 잊으시고
부활한 할미꽃으로 춤을.

뜨거운 사막 아래

햇살이 내 영혼을 태워
바람 한 점 없는 삼복더위에
밀알로 태어나게 하려고 달구는 걸까?

폭풍우도 아랑곳없이
나룻배 선장 되어 헤쳐 왔더니
소로길 해맑은 코스모스가
위안을

절규하는 매미, 한낮을 아우르는
그 뜨거운 열창 위안받으며

나는 시를 짓고
벼들은 통통 여물어
곳간마다 만조의 기쁨을 채우리

삼복더위 끌어안으며
춤추는 코스모스 몸짓을 겸허히 숭배하리라.

그리운 어머니

푸른 시절 해맑게 웃으시던 모습은
간곳없고 유모차에 기댄 희미한 목소리

푸르름 짙어가는 봄날에 어머니의
젖 내음이 아카시아 향기 타고 가슴에
와닿는데

풍랑을 견디며 논배미와 밭이랑에
배어든 상흔,
허리 한 번 제대로 펴지 못한 채
굳어버린
근육

따스한 내 영혼이 사시는 곳
어머니 목소리가 해풍 타고
내 가슴에 메아리로 울려 퍼진다.

간절곶

비에 젖은 옷 외줄 타며
힘겨운 징검다리 건너와
한 그루
당당한 나무로 성장하기 위해

세상 앞에 맞서 있을
당당한 모습 떠올리며

미약한 근육과 심장에
촛불 켜고
간절한 바람 우편함에 실어
개미처럼 일하게 해 달라고.

슬픈 곡조

아카시아 흐드러지게 핀
향기 따라 논배미 속 개구리
화음에 그리움의 날개를 달고

여객선은
뱃고동 울리며 찰싹찰싹 음표
띄워 뭍으로 달음질을

신록이 짙어진
바다에 누워 어릴 적
동화 나라에 빠지는 환희

밤하늘 초롱초롱
은하수 어서 오라 손짓하는데
엄마의 젖가슴은 그 어디에서도
찾을 길 없고

뻐꾸기만 엄마를 대신하여
슬픈 곡조로 읊조리며
텅 빈 내 가슴 달래네.

그 뜨거운 열대야

뙤약볕에 알알이 여물어 가는 옥수수
오동통 풍만한 가슴 자랑질하는데,
무더위에 지친 닭처럼 쇠약해져
밤마다 달아난 잠

겨울에는 된바람과 놀고
여름에는 사막의 볕으로 잘 여물라고

바람 한 점 없는 열대야 속
사랑 찾아 울부짖은 매미의 절창만
아우라로 귓전을 맴도네

달궈진 장작불 사그라져도
집 나간 잠 쉬이 찾아들지 않은

바위 속 부드러운
바람과 내통하고 싶어요
밤사이 북극곰이라도 데려와야 할까요?

길 위에서

10년 동안 별이 없는
수위를 잴 수 없는 어두운
늪에서 살았네
내, 친구는 달과 별

10년 동안 바람이 길을 잃어
젖은 옷만 만지작거렸네

길 위에서
햇살 데려와 눈물 말리고
바람 데려와 젖은 옷 말렸더니

옹이진 가슴
쓴 독배만 들이켰던
나를 화양연화로
초대한 뻐꾸기
내 친구는 뻐꾸기

아!
얼마나 아름다운 주조음인가?

껍딱지

바람 따라가 버린 따스한 흔적
붙잡고 싶지만 만져 볼 수도 되돌아올 수도
없는 허공 속

지금 내 곁에 있는 누군가도 때가 되면
바람 따라 가버리게 되지요

풋사과처럼 싱그러운 미소와
말랑말랑한 눈동자 밤송이같이 예리한
언어로 웃음꽃 연주했는데

언어가 두절 된 식탁에
찬 공기만 맴도는 쓸쓸함

햇살같이 아름다웠던 그녀의
눈동자가 빈 가슴을 후려 팝니다.

그녀의 사랑에 눈이 멀었나 봅니다.

나답게 사는 법

초록 나무처럼 긴장된
근육을 풀고 뿌리를 내려
깨금발로 꼿꼿이 서 보는 것

길가 향기로운 들꽃
웃음 위안받으며
아스팔트 위 달궈진 팬이 될지라도
흔들림 없는 몸짓으로 이겨내는 것

태백산 자락에 숨겨진
차가운 바람 데려오지 못해도
싱그러운 문장 찾아 위안 얻는 것

비 오면 빗길을
눈이 오면 눈길을
흔들림 없이 걷는 게 나답게 사는 것임을.

슬픔의 돌

뾰쪽하고 날카로운
돌 하나 가슴에 박혀
오랜 시간 심장에 비수가 되어
상처로 남았네

살아 있는 심장
소금으로 절인 듯
깊은 상처라 보이지 않은
터널 속에 숨겼는데

폭우로 쏟아지는 슬픔
늘 먹구름 같은 내면은
컴컴한 미로를 헤매고

더러는 진실한 보자기를 펼치듯
갇혀 있는 상처를 꺼내 맑은
호수에 비춰 거울처럼 보여 주기도

찔리던 가시는 세월에 씻겨

동그랗게 마모되어 호주머니에
넣어도 더 이상 손을 찌르지 않네

• 3부 •

낙엽

제 육신에 불 지르고
혼절한 나뭇잎
입었던 옷자락 다 벗어버렸네

욕심도 사랑도 내려놓고
잡았던 인연의 끈도 내려놓고
소쩍새 울음 따라
말없이 떠나간다네

양분은 밑거름으로
다시 연초록 이파리로
방실방실 웃으며 재회를 하겠지.

호미 끝 사랑

호미 끝 하나에 바람의 조율
견디며 풍랑을 건너오셨네

새벽이슬 헤치고 물 주전자와 호미
한 자루 챙겨 노란 배추벌레가 반겨주는
일터로 행하는 어머니

땡볕 머리에 이고 종일 땀으로
목욕하시며 덥다 힘들다 한마디 없이
긴 세월 모진 바람 맞으며 걸어오셨네

호미 끝에 주렁주렁 달린
고구마는 어릴 적 최고의 간식이었고
한 끼 식사로 충분했다

고구마 익어가는 냄새는
동구 밖까지 마중 나와 나를 반겼네

아직도,
고구마밭에서 두건 두르고

땀 닦으신 모습 생생한데
어디에서도 뵐 수 없는 어머니.

가을 예찬

살갗을 간지럼 태우는 부드러운 내음
뜨거운 여름을 견뎌 잉태하는 벼 속의 알맹이
속살거림이 마냥 향기롭다.

색색의 융단을 깔고 온 누리에 홍엽 진
풍경에 호명된 관객
나는야, 마음 부자

아!
가을,
풍요로운 들녘 오곡으로 여문
들판에 서 있으면
가슴 곳간마다
안다미로 풍요로운 마음
살찌우게 한다네.

참기름 선물

귀한 마음
귀한 시간
귀한 발걸음

정성을 쏟은 따뜻한 향기가
깨꽃에서 맡았던 달콤하고 부드러운
여운으로 찰랑거리고

구멍 숭숭 뚫린 내 삶의
언저리에 진한 참기름 몇 방울 삶이
빛나고 감미롭다

깨꽃에 매달린 종소리는 아름다운
사랑의 선율로 꽃피우고 노래하네.

풍요로운 가을 풍경

푸른 물결 넘실거리는
하늘에 형형색색으로 덧칠을 합니다.

여물어 가는
벼 이삭은 풍만한 젖가슴으로

처녀 뺨 같은 복숭아는
옅은 수줍음으로

푸릇푸릇한 사과는
첫 키스의 달콤함과 오묘한 맛으로

땡볕에 온몸을 불사른
낙엽은 기품 있는 중후한 맛으로

가을이기에 멋진 수채화
한 작품을 그려봅니다.

섬과 섬 사이

봉인된 핏자국 낭자한
외로운 섬
봉창을 두드리는 찬바람만
고독한 독주를 마시네

사랑의 물결이 끊긴
쓸쓸한 조개들의 노랫소리에 잠들고
해파랑길에 풍금 치는 파도의 주조음에
세월을 낚는다

그대는 뱃사공
나는 나그네

정박해 있던 섬과 섬 사이를
오가는 나룻배에 미각을 깨우는
찬이 줄을 잇고

운율에 젖은 시와 잘 발효된
언어가 심장을 두드리며 시나브로
영혼을 향기롭게 울린다.

가을

쪽빛 실파도 타고 넘실거리는
푸른 물결 군과
새하얀 순백의 드레스 입은 양 떼 아씨
상견례를 하는지 홍조 띤 모습이다

뾰쪽한 가시 속
여물어 가는 밤 들녘에 진동하고
바람 따라 익어가는 나락 만선의 풍악을 울리며
육박자에 덩실덩실 허수아비 너털웃음에
참새 떼 놀라 어디론가 마실 가고

손톱 끝에 핏빛 혈관을 따라
시나브로 물들인 낙엽 수줍은 듯
빨갛게 붓칠한다네.

배움의 길 따라

어두컴컴한 하늘에
아름다운 꽃말들이 편백 나무 향기로
가슴에 스며들고

뒤란에 웅크려 있던 문장이 뭉게구름
활보하듯 온 누리를 아름다운 꽃밭으로 수놓아
햇발같이 발아하는 시간 속

억눌러있던 서러움이 백옥 같은
꽃잎 되어 숭어리 가득
아름답다

자음과 모음 한 가닥씩
날실과 씨실로 엮어
영혼을 밝게 비추고

사금파리 시린 발
따사로운 볕으로 우듬지 가득
피어나기도 한다네.

민들레 홀씨

어린 왕자는 바람의 지휘에 따라
깊은 산속 비탈진 척박한 자투리땅으로
데려갔습니다

거센 태풍 이겨내라고
볕이 들지 않은 남루한 땅으로
희망의 꽃 피우기 위해
슬픈 날에는 희망의 봉오리 그리고
기쁜 날에는 무지개색으로 그림을 그립니다

뙤약볕을 견디는 소쩍새의
구슬픈 찬가에 같이 울고
소국의 향기로움에 젖은 동안
가슴속에 민들레 홀씨는 아름다운
명작으로 피어납니다.

가을볕에 물드는 행복

적당한 온도에 호랑나비 날아와
춤추고 바람도 말랑말랑
젖었던 날개를 말린다네

지나온 세월
불볕더위와 혹한에서
매웠던 눈물 지우며
부드러운 볕으로 몰입되는
즐거움

물들어가는 황혼
애환의 언저리 반추하며
사계에 퇴색된 잎새의
향연을 가슴으로 만지작만지작.

가지치기

갈참나무, 밤나무, 상수리
가지치기한 가지
길가에 떨어져 신음 중이다

뿌리 깊은 나무로
아픔의 통증을 참으며 가지를
자른다네
태풍이나 강력한 바람의 세기를
이겨내기 위하여

자연의 섭리에 따라

된비알처럼
허우적거리다 나무답게 살기 위해
가지를 쳐내야만 했다.

갈색 추억

그대의 손을 잡고
단풍잎 물든 풍경 속
에움길에 머무르고 싶다

밤송이 뙤약볕에 실하게
살찌운 사랑의 흔적
그윽한 향기로 온몸을 노래한
억새의 춤사위

익어가는 황금 노을
사의 찬미를 열창하는
귀뚜라미 장송곡에 귀를 열고

풍광이 좋은
호수에 앉아 시를 낚은 어부가
되는 소녀로 살고 싶다.

딱따구리 연주

목관악기 연주에
고요한 산속 잎새가 춤추고
바람의 지휘에 나무는 흔들흔들

고요한 산사에 집 짓는
소리만 그네를 타고
침묵 깨우는 교회당 종소리도
긴 여운만 감돌고

아!
아름다운
목관악기 선율에 초대
대자연 늪 속으로 빠지는 감흥에 취해
몸 둘 바를 모르겠네.

그때를 아시나요?

가을이면,
이른 저녁 먹고 양은그릇
꺼내 와 논으로 향해 달음질을

새들은 알맞게 익은 나락
쪼아 먹기 위해 떼 지어 우르르 날아들고

허수아비 혼신을 흔들며
쫓아내도 새들은 일용한 양식을 구하러
날아오고 잘 익은 나락을 호위하기 위해
소리 나는 도구로 북 치고 장구 치며
새들과 전투를 하네

쌀 한 톨
고귀한 생명을 이어주는
영혼의 불씨였네.

기수역에서 가을 길까지

낙엽 속에 숨어 있는
푸릇한 이파리 초고속 철길 따라
여름을 들쳐 봅니다

벚꽃 노래하는 진해에서
꽁꽁 싸맨 먼지를 털고 나체로
별꽃 향기로움에 샤워를 합니다

벚꽃 휘날리는 향연 속
창공을 나는 도요새로 푸른
보리밭 길 쉬지 않고 뛰어왔습니다

연륜으로 파 뿌리 하나씩
은메달 달고서 뛰놀던 청춘을
떨어지는 낙엽 밟으며 음미하는
최고의 기쁨이 되었습니다.

길상사

맑고 향기롭게 가랑잎 휘날리는
가을 향기가 경내에서 피어납니다

색색으로 피워낸 경치에
도취하여 환희의 감탄사만

갈잎에 불 질러 놓고 쉬 사라지지 않은
이파리의 미학, 언어가 되어 향기롭습니다

무소유 법정 스님의 법문에 따라
길상사 나무들은 저마다 푸르렀던 잎
떨구며 무언 수행합니다

사그락사그락 속내의 찌꺼기를
헹궈 꽃처럼 향기롭게 피어납니다.

무의도

밤사이 별들이 오작교를 만들었는지
그 임이 두고 간 잎새 하나 잔물결로
가슴에 출렁출렁

텅 빈 그리움은 파도를 타고
수평선을 바라보며 빈 가슴에
작은 촛불 밝히네

지나간 추억이 갯벌 내음처럼
영혼을 살찌우며 갈매기 나래 위
낭만이 숨 쉬는 옛 노래로 귓가를
씻기고

솔방울에 담긴 그대의 목소리는
오선지 악보에 너울너울 춤추고
짭조름한 해파랑길 위에
누워버린

가을볕 타고
연락선은 염화미소로 뱃고동
여운 리드미컬하게 살랑거린다.

가을 언덕에서

혈관을 타고 쉼 없이 지피던
온기로 통통해진 볼살

임무 수행 마치고 마른 꽃 되어
창공을 연주하는 갈잎 노래가
가슴, 눈 속에 무언으로 스며들고

많은 낮과 밤
바람으로 염색한 억새의 몸짓만
음향에 맞춰 리듬을 타다네

붙잡지 못한 세월, 허공에 대고
비발디 사계 중 3악장을 귀뚜라미
가냘픈 촉수로 가을을 읊조린다.

막걸리

막걸리 한 잔 속에
그대 얼굴 떠 있네

찰랑찰랑 파도처럼
밀려오는 그대

한 잔 다 마셔도
여전히 여운으로 남아

술에 취하듯
그대에게 취한 마음
술잔에 가득 찰랑거리네.

낙엽 비

낙엽 비 유영하는 가을 길
우수수 낙화하는 이파리의 몸짓에
떠나기 아쉬운 듯 발끝에 머뭇거리며
갈 길을 잃고 서 있네

청춘의 꿈 가슴에 안고 궂은비 맞으며
여기까지 왔는데 노란 황금 옷 갈아입고
석별의 아쉬움을 노래하네

눈물로 이별가를 부르며
너와 내가 나눴던 사랑의 온도를
내려놓고 먼 길 떠나려 한다네.

노을

우듬지 사이로
종일 달구던 훈풍 가마솥 뚜껑을
닫을 여명의 늪

어우렁더우렁 더듬이
내려놓고 수평선 언덕 위
이별의 통증을 억새는 아는지
잎사귀만 하늘거리네

하늘이 벌겋게 타다
달보드레한 고요함이여!

심장의 펌프질로 발그레한
홍조를 띤 순정의 여인이여,
화롯가 땅거미 침상에 들고
산고의 태동을 발편잠 처소에
촛불 꺼야 할 시간.

덕수궁 돌담 아래

추색은 낙엽 위에
편지를 쓰고
나그네는 바이올린 가락에
가을을 연주합니다

퇴색된 잎사귀
바스락바스락 고별식 하는 잎새
음표에 행인은 슬픈 송사로 발걸음마다
아쉬움을 적시고

떠나가는 낙엽도
떠나보내는 사람도
바이올린 선율에 석별의 정을
만지작만지작.

띠앗* 사랑

땅끝 해남 해파랑길에서
불어오는 남풍의 온기를 만져봅니다

비탈진 언덕에 늘 따스한
볕으로 감싸주던 띠앗

한 몸에서 자라 각기 다른 가지를
뻗어 인생길 가고 있지만, 가뭇없는* 사랑
안다미로* 가득 채워주는 마음.

밀물 가득
삶의 지표가 되어준 지극한
사랑에 퐁당퐁당 빠졌네요.

*띠앗: (순우리말) 형제나 자매 사이의 우애심
*가뭇없이: 눈에 띄지 않게 감쪽같이
*안다미로: 담은 것이 그릇에 넘치도록 많이

마음 동행

서리만 난무한 가슴에
수수꽃다리 향기처럼 온화한 꽃내음에
눈 맞추고 마음 동행을

수평선 바라보며 마주 앉아 밀어를

소곤대는 파도 소리에
귀를 열고
은빛 반짝이는 물비늘에 누워 몽돌과
나눈 사랑 이야기

붉은 동백꽃 연정으로
사랑의 물길을 걷습니다
외기러기 길에 시리던 마음
온화한 그대의 눈빛에 말려봅니다.

• 4부 •

그대는

그대 마음은 사시사철
변하지 않은 소나무일 거야

아니, 아니
그대 마음은 샛노란 국화 향
향기로움일 거야

아니, 아니
그대 마음은 불타는 붉은
낙엽일 거야

아니, 아니
그대 마음은 카페라테 같은
부드러운 주조음일 거야

아니, 아니
그대 마음은 보랏빛 그리움
고즈넉한 풍경일 거야.

나는 보았네

나는 보았네
어린 왕자의 순수한 동심을

나는 느꼈네
녹음방초 경이로움과 낭만을

사막의 모래알만큼 많은 별
가운데 부드러운 눈빛과 자연을
닮은

감미로운 노랫소리에 젖은 듯
그대 울타리 안으로 물드는
내 가슴을.

뜨개질

초롱초롱
별들의 침묵 소리와
달빛소나타 어둠을 헤집고
수천 번의 담금질로 세월 낚으며
걸작으로 완성되기까지

털실에 따뜻한 정을 엮어
인생길 걸어오면서 쓴 눈물과 달콤한
감칠맛을 뜨개질에 표표히 새겨

모자, 목도리, 스웨터까지
코바늘에 박음질한 마음 수행에
염원했을 할머니의 철학

볕 좋은 날 마실도
마다하고 한 편의 걸작 완성에 열정의
불꽃을 피운 할머니 고투에
갈채를 보냅니다.

나도, 아름다운 꽃이 되고 싶다

북풍한설 설원을 딸깍발이로
걷다 보니 뻐꾹새 우는 고향
언덕을 외면해 왔습니다

눈물 범벅된 웅덩이
어머니 옷고름으로 닦아보고 싶었지만
늘 외로운 새가 되었습니다

먹먹한 체중 버거운 쇠똥구리
길 위에서 흙탕물 건너기란
늘 가시덤불 같았습니다

흐드러지게 핀 장미처럼
고귀하고 아름다운 향기로
사랑받은 꽃이 되고 싶어요.

그대라는 계절

그대라는 계절은
사철 푸른 솔 향기로
지친 마음을 포근하게
맑은 소녀의 감성을 채워주고
청춘의 뒤안길로 인도한다네

그대라는 계절은
삶의 무게를 잊어버리게 하는 마력으로
기쁨 충만한 삶으로 인도하고
숲속에서 불어오는 미풍으로
평온히 숨 쉬게 한다네

그대라는 계절은
바위에 부딪히는 난파선이 될지라도
부서지는 포말 될지라도
잔잔한 바람에 풍금 치듯
그대라는 계절에 취하고 싶어라.

매미의 열창

새벽부터 혼신 다 해
그가 불어 주었던 삶의 노래
명작에 잠겼는데

높은음 떼창으로 슬픈 곡조를
애절하게 연주한다.

살기 위해
억장에 고여 있던 생채기를
작달비처럼 쏟아내야만 했다

살기 위해
가슴 속 응어리진 문장 데려와
씨실과 날실로 엮어
음표를 달고 피사체로 읊는다.

평화통일 염원하며

산천에 진달래가 만발한
평화로운 봄날 같은

두려움과 긴장 없이
완연하게
희망의 새싹이 움트듯

녹슨 철조망 걷어내고
남한강, 북한강 오가며 유유히
평화로운 길 선상에서

서로의 가슴 내주며
발맞춰 가는 두물머리처럼
한라에서 백두까지 창살 없는 창공을
비둘기 되어 나르고 싶다.

내 삶의 빛깔

내가 걷는 길은 늘 아름답게
수놓아진 길인 줄 알았는데
황무지 진창길이라 질척거렸네

높새바람 없는 잔잔한 미풍이
찰랑거릴 줄 알았는데
걷잡을 수 없는 하마가 밀려와
뿌리째 흔들리며 걸었네

아름다운 풍경이 있는 삶
영위하리라 믿었는데 비바람 눈보라에
코앞 앞가림도 버거웠네

지금껏 비바람 맞으며 달려왔으니
아름다운 빛깔로 연주하는 갈잎처럼
내 빛깔과 향기로 아름다운
삶을 노래하리.

나무

미약한 다리로 푸른 꿈을 안고
거리에 서 있습니다. 매서운 한파가
온몸을 훑고 맹골수도 세찬 풍랑이
불어와도 꿈이 있기에

사금파리 깨금발로 푸른 떡잎
하나씩 틔우고 반짝이는 별 위로에
노곤한 힘을 실었습니다

부치는 힘으로 가지를 뻗으며
물관마다 주춧돌 세우고 무성한
나무로 성장하기까지

아름다운 낙원 꿈꾸며
영혼을 노래하는 새들의 안식처로
평화로운 세상을
만드는 나무가 되고 싶습니다.

감나무의 배려

이파리 떨어져 뼈대만 앙상한
나뭇가지에 홍시 몇 개 남았네

배고픈 까치가 간식으로 따 먹고
직박구리 새 생명 잉태를 위하여
게 눈 감추듯 허기를 달래네

감나무는 비와 바람 햇살
노랫소리 들으며 소중한 양식 나눔으로
영혼이 맑아지는 미소를 짓겠지?

나도,
누군가에게 사랑을 실천하여 영혼이
맑아지는 미소를 짓고 싶다.

격리 그 쓸쓸함

온 누리에 산수유 만개하여
웃음꽃으로 반겨주는데 바이러스로
전쟁터가 된 우주
하늘길이 막히고 개구쟁이 뛰놀던 운동장은
썰렁한 바람만 오고 간다.

너와 나 손잡고 순백의 미소로
마중했는데 다가갈 수 없는 거리
봄은 왔다 간 건지 미궁 속
거리마다 시린 겨울이다

맑은 햇살 나눠 마시며
사랑을 속삭였던 가족과 이웃을
멀리한 슬픈 발목

차디찬 거리를 보듬은 진정한
의인들의 숭고한 사랑, 어두운
그늘에 무궁화꽃은 핀다.

광명동굴

폐공의 녹슨 철문을 열어 역사와
문화 교육을 빛과 어둠의 판타지로
초대
비좁은 갱도 속 착암기에
꿈과 사랑을 꿈꾸며
염원했던 광부의 땀과 노력은 흩어지고
일장기에 그을린 광부의 얼굴은
일본의 수탈과 횡포에 희생양 된
금속 광산
탄광과 광부의 처절함이 레일에
아로새겨진 간드레, 과거에서 현재까지
밑거름과 에너지로
세계 속으로 도약하는 빛나는 광명동굴.

독도

검푸른 바다 위

겨레의 심장

천연 그대로

늠름하게 우뚝 서 있다

거친 풍랑
외세에도 아랑곳없이
홀로 아리랑을 연주하며

*50자 이내의 짧은 글짓기입니다.

별마당

아름다운 꽃과 새들이 공존하는
온화해진 마음의 평화를 더듬어 봅니다.

반짝이는 비발디 사계가 펼쳐지고
온갖 우주의 만물이 살아 숨 쉬는
생생한 자연을

옛 선인들의 지혜와 광야를 노래했던
이육사, 별을 사랑했던 윤동주, 그리고
민주화를 외쳤던 열사들의 투혼까지 책장마다
녹아들어 가슴에 스며듭니다

영혼을 살찌우는 양식으로
시린 발 감싸주며 지구를 움직이는
과학자의 미래를 들쳐 봅니다

벼랑 끝에 서 있을 때
희망의 끈을 잡게 하는 마음의 양식
그곳에 앉아만 있어도 자연치유 되는
별마당, 별처럼 반짝반짝한 세상을 봅니다.

꽃다지

씨앗을 뿌리고 첫걸음이라
서툴고 두렵습니다

무색 채로 어두운 강을 건너
혼신의 붓으로 뿌리와 줄기를 세우고
가지마다 아름다운 꿈이 잉태되어
꽃으로 나비리니

탐스러운 열매로 영글기까지
고난의 갈퀴로 허공에 의지한 채
한 걸음씩 옮긴 담쟁이처럼

매서운 채찍으로 마음을 갈고
닦아 마침내 우듬지마다 아름답게
맺힐 꽃다지.

글 밭에 앉아

글 밭에 앉아
하루의 일상을 수놓는다
어떤 날은 꽃처럼 환해져 구름
타고 두둥실

글 밭에 앉아
봄처럼 싱그러운 수수꽃다리 향기가
온 세상에 번지고,
생동감 넘치는 푸른 파도 되어
메마른 가슴을 적시기도

글 밭에 앉아
사그락사그락 고갈된 낙엽 밟으며
시몬 되어 시를 보듬고
겨울날 펄펄 내리는 하얀 눈 밟으며
무소유로 번뇌를 잠재우고

글 밭에 앉아

나는야 넓은 세상 구경하고
글 꽃 양식으로 빈 곳간 가득
풍요롭고 따뜻한 세계를 안아본다네.

달마고도

천해 비경 해파랑길
인적이 드문 산사에 운무가
가슴으로 달려와 반긴다

부엉이, 뻐꾸기 맑은
음표로 이른 아침을 깨우며
그리운 짝 찾아 삼만 리

일찍 눈 뜬 염소는
사람이 앉았던 원두막에 와
온기를 지피고 뭉게구름 노닐던
산마루에 쪽빛 파도가
바람 따라 산속을 헤맨다.

신비로운 산속
구도의 길에 떡갈나무와 고목
수림으로 씻겨 어우러진 맛
땅끝 남도의 멋이 금강산 되어
펼쳐진 명작의 산.

이사 또 다른 행복

방 한 칸에 걸린
자연의 명작 가슴으로
느끼며 눈 뜨는 행복

햇살이 놀러 온 거실에
시린 뒤안길 뽀송뽀송
말리고

청아한 부엉이 노랫소리에
젖은 행복
숲속에 앉아 사시사철
그라데이션에 빠지는 행복

자연 속으로의 수장이 마냥 즐겁다.

카페에서 딸이랑

부드러운 스웨터를 입고
아침 이슬 같은 청순한 꼬마
숙녀와 마주한 시간

동화 같은 시간은 흘러가고
녹록지 않던 표면에 쓴 아메리카만
부단히 마셔야만 했던 허기졌던 시간도
쏜살같이 지나가고

고난도 뙤약볕에서 구워낸
도자기처럼 아름답게 승화된 꽃으로
만인의 사랑 받으며

파릇한 꿈나무에게
꿈과 지혜와 사랑을
주는 파수꾼 되어
온 누리 밝게 비추는 빛 같은
선구자가 되길.

내게 봄은 언제 오려나

나뭇잎 떨어진 길
찬 바람 불고 예고되지 않은 비가
내리고 있습니다

인적도 불빛도 사라진 미로 길
돌부리에 넘어진 생채기 도와줄 리
만무한 암흑 속

골짜기마다 삶에 애환 담아
구슬피 흐느끼는 소쩍새 되었다가
뻐꾸기 되었다가

외발로 걸었던 가시밭길
벌레 숭숭 먹은 노란 배춧잎 몇 장
가슴에 안고 문설주에 스르르
잠이 들었습니다.

세찬 바람 얼마를 더
견뎌야만 포근한 봄 찾아올까요?

광화문 연가 (뮤지컬)

추억 속의 빈집을
나는 알고 있지요. 추억도, 사랑도,
마음 안에 웅크리고 있다가 세월 따라
흔적도 없이 사라지는 것처럼

덕수궁 돌담길 햇살 아래
누군가를 사랑하고 헤어졌던 젊음의
뒤안길을 회상하지요

죽기 전 1분
다시 돌아가고 싶은 순간을 찾아
떠나는 여행
명우는 기수역에서 만났던 파릇한
사랑을 되새기며 가슴속에 간직한
빈집을 채우고 별이 된다.

보길도 연륙교

보길도 몽돌은 날마다
노화도 갈대를 그리워하며
부둣가 선창에 나와 건너지 못한
바다를 바라봅니다

진달래꽃 만발하여도
한 걸음도 다가갈 수 없는 물결 위에
사랑의 연서를 띄웁니다

새가 되어 날아갈 수 있다면
구름다리로 건너갈 수 있다면

어느 날
비둘기들이 머리를 맞대고
사랑의 다리를 만들었습니다

보길도 몽돌과
노화도 갈대꽃은 사랑의 언약으로
동백꽃 한 아름씩 가슴에 안았습니다.

맨발 걷기

신발 속에 담겨있는
딱딱한 말이 부드러운
흙과 만나면 말랑말랑한 언어로
얼굴은 동그랗게 웃음 짓는다

뾰족하고 딱딱한 길을 벗어나
참다운 나를 만나고 싶다면
흙길을 걸어보라

마음의 평정이 생기고
아름다운 언어가 춤을 추고

참 나를 만나고 싶다면
산길을 맨발로 걸어보라.

분단 그 아픔

금강산 택리지 기슭에 고대하며
임 그리워 얼마나 울었던가?
북한강, 남한강 해후하기 위해
달 보며 삼천 배를 올렸을까?

두 물줄기 두물머리에서
한 몸 되어 얼싸안고 덩더꿍
신바람 나 춤추는데

동강 난 철조망
눈앞에 두고 멈춰버린 철마
괭이갈매기 날갯짓으로 백두산 천지
그 웅장함에 발 담그며 자유롭게
바람과 구름으로 노닐고 싶은데

푸른 잎사귀 연금술로 시계를 되돌릴 수
없으니 빛바랜 풍경 속 민들레 홀씨 되어
꿈속에서라도 날아갈 수 있기를

오지에서

첩첩산중 이름 모를 새들의
낙원에 햇살은 정분났는지 뜨겁게 불타오르고
그리움 한 조각 배낭에 담아 골짜기를
탐닉하는 즐거움

바람과 다람쥐 뻐꾸기가 산사의
적막을 저울질하고 까투리, 애기똥풀이
풍경으로 다가와 가슴에 안겨 온다.

뭉게구름 두둥실 들꽃처럼
손풍금 두드리며 마음 적시는 행복

인적 없는 산사
솔방울이 들려주는 이야기로 버찌가 청하는
악수에 오감 열고
근육을 펼치며 오지에 마냥 서 있다.

발자국 소리

이른 아침 맑은 공기 마시며
삶의 터전 향해 내딛는 발걸음
다닥다닥 다듬이로 타악기 연주하듯
계단을 오르내리는 소리

회색빛 그늘에 자아를 묻어두고
만개한 꽃들의 웃음도 망각한 채
모래시계의 막이 내려지기까지 바지랑대에
걸어 두었던 침묵

묶여있던 침묵이 깨어나
비로소 다시 찾은 자유의 시간
몰입할 수 있는 발자국 소리.

유배의 섬

인적이 없는 섬으로
쓸쓸히 유배를 떠났네

입 안에는 거미줄이 처지고
영혼이 몰살당한 곳으로

지척을 흔드는
굉음이 가슴을 쏟았고

빛이 소실된 유배의 섬
뒤주에 갇힌 영혼 소생하기 위해
철조망과 가시밭길 헤치며

푸른 씨앗이
창공을 자유롭게 비상하도록
유배의 섬을 탈출하였다.

애벌레의 비상

미세한 촛불 하나 켜 놓고
달려온 발자취

비와 바람 잎새의 노랫소리에
꿈을 싣고 희망의 노 하염없이
저으며 걸었네

겹겹이 쌓인 껍질을 벗고
허공 향해 내디뎠던 고행의 흔적

날개를 활짝 펼치며
활주로를 넘어 창공을
힘차게 힘차게 날아봅니다.

내 삶의 빛깔

초판 1쇄 발행 2025년 4월 16일

지은이 전상숙
펴낸이 임병천
펴낸곳 책나무출판사
출판신고 2004년 4월 22일 (제318-00034)

주소 서울시 영등포구 신길3동 325-70 3F
전화 02-338-1228 **팩스** 0505-866-8254
홈페이지 www.booktree.info

ⓒ 전상숙 2025
ISBN 978-89-6339-752-8 03810

*이 책의 판권은 지은이와 책나무출판사에 있습니다.
*양측의 서면 동의 없는 무단 전재 및 복제를 금합니다.
*잘못된 책은 바꿔드립니다.